Disney's
MAGIC ENGLISH

AKTIV-LERNBUCH MIT CD

LET'S GO TO SCHOOL

WIR GEHEN IN DIE SCHULE

DIDAKTISCHE BERATUNG: Tracy Traynor

INHALT

4 **Willkommen!**

6 **My school**
Meine Schule

8 **My classroom**
Mein Klassenzimmer

10 **My schoolbag**
Mein Schulranzen

12 **Lots of lessons**
Viele Schulfächer

14 **Catch the bus**
Nimm den Bus

16 **About me**
Über mich

18 **The school day**
Der Schultag

20 **Computer class**
Computerunterricht

22 **Art class**
Kunstunterricht

24 **Superquiz**

26 **Das kannst du**

28 **Vokabeln**

30 **Lösungen**

WILLKOMMEN!

Lerne Englisch mit Spaß! Dein Aktiv-Lernbuch kannst du allein oder mit CD benutzen. Auf der CD sind viele Reime und Aufgaben, mit denen du dein Hörverständnis und deine Aussprache üben kannst.

Überschriften
Alle Überschriften sind englisch mit deutscher Übersetzung.

Wörterkiste
Hier findest du sämtliche Wörter, die du für die Aufgaben brauchst.

ABOUT ME

ÜBER MICH

Wörterkiste

writing

reading

counting

drawing

Stitch's language

Stitchs Sprache

Stitch hat alles, was er in der Schule getan hat, in seiner Außerirdischensprache aufgeschrieben. Entschlüssele sie mithilfe des Alphabets rechts.

drawing

16

Ergänze
Schreibe die Lösungen in die Felder, wie im ersten Beispiel gezeigt. Die Lösungen findest du auf den Seiten 30 bis 32.

So sag ich's richtig!
Die Bilder in diesen Kästen erklären Sätze, die in den Aufgaben vorkommen. Die Übersetzung dazu findest du auf den Seiten 26 und 27.

Jetzt hör zu!
Hier stehen die Reime, die auch auf der CD sind. Hör sie dir an und lies mit.

Mach mit!
Diese Symbole zeigen dir, was du bei der Aufgabe tun sollst.

Read – *Lies*	**Draw** – *Zeichne*
Tick – *Setz einen Haken*	**Write** – *Schreib*
Look – *Schau*	**Colour** – *Male aus*
Find – *Finde*	**Join** – *Verbinde*
	Circle – *Kreise ein*

MY SCHOOL

MEINE SCHULE

Wörterkiste

cafeteria

gym

library

classroom

I´m in the...

Ich bin in der ...

Read and ✔ tick

I'm in the 

- [ ] library
- [x] cafeteria

I'm in the 

- [ ] gym
- [ ] classroom

I'm in the 

- [ ] playground
- [ ] classroom

I'm in the 

- [ ] gym
- [ ] library

So sag ich's richtig!

I'm in the classroom.

He's in the classroom.

She's in the classroom.

They're in the classroom.

Where are they?

Wo sind sie?

Look and write

They're .... in the cafeteria.

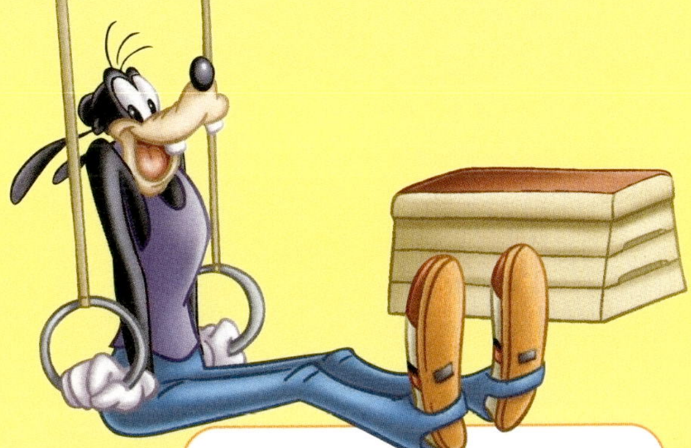

.... in the gym.

.... in the library.

.... in the classroom.

MY CLASSROOM

MEIN KLASSENZIMMER

Wörterkiste

teacher | notebook | desk | pen | chalk | blackboard | computer

Andy´s classroom

Andys Klassenzimmer

Suche mit Buzz und Woody die Gegenstände von der Liste und schreibe ihre Nummern in die zugehörigen Kästchen.

2	chalk		desk
	teacher		notebook
	pen		blackboard

Work it out

Ergänze

Andy hat Gegenstände aus seinem Klassenzimmer gemalt, aber die Beschriftungen sind falsch. Schreibe die Wörter richtig.

Your turn!

Circle and draw

My desk / pen / computer

Jetzt hör zu!

The teacher's at the blackboard,
She's drawing with the chalk.
"Look at this," she says.
"Look and please don't talk!"

Die Lehrerin steht an der Tafel.
Sie malt mit der Kreide.
„Seht euch dies an", sagt sie.
„Schaut und, bitte, redet nicht!"

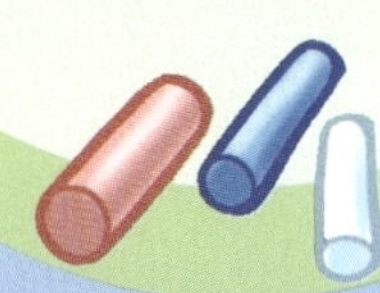

MY SCHOOLBAG

MEIN SCHULRANZEN

Wörterkiste

lunch box

textbook

calculator

pencil case

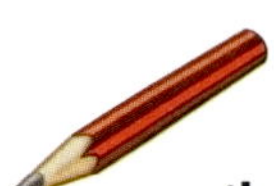
pencil

eraser

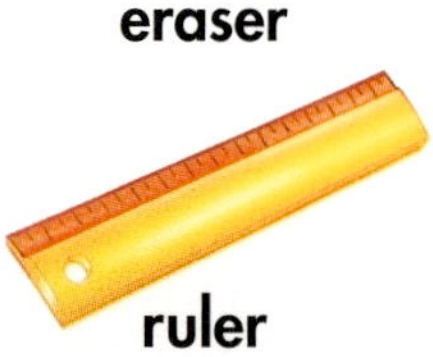
ruler

Pack the bag

Pack den Ranzen

Pinocchio packt seinen Ranzen. Hat er alles, was er braucht? Setz einen Haken neben die Sachen, die er hat, und ein Kreuz neben die beiden Dinge, die er vergessen hat.

- ✔ textbook
- ☐ ruler
- ☐ lunch box
- ☐ pencil case
- ☐ calculator
- ☐ eraser

Find the words

Finde die Wörter

Find and colour

sc**eraser**birtslu
silunchboxogy
iscborulerboci
stextbookncip
tuiboopencilp

Odd one out

Welcher ist anders?

Sieh dir die Gegenstände genau an. In jeder Gruppe befindet sich einer, der anders ist. Kreise ihn ein und schreibe seinen Namen in das Feld.

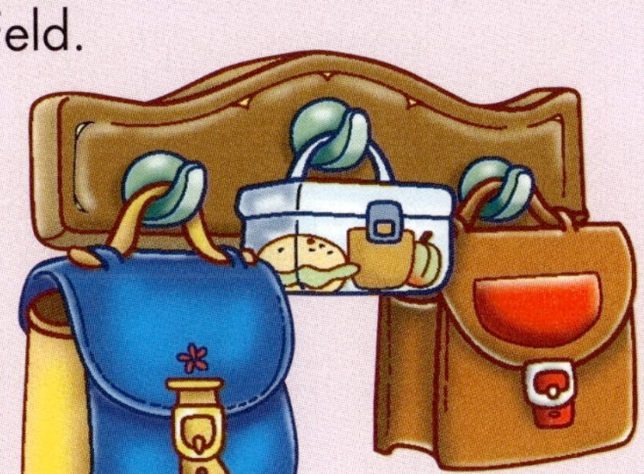

lunch box

LOTS OF LESSONS

VIELE SCHULFÄCHER

Wörterkiste

maths | history | art | geography | science | music | English

Which lesson?

Welches Fach?

Look and join

Minnie's day

Minnies Tag

Zeig Minnie, welche Fächer sie hat. Verbinde die Felder von Start bis Ziel. Folge dabei dem Stundenplan.

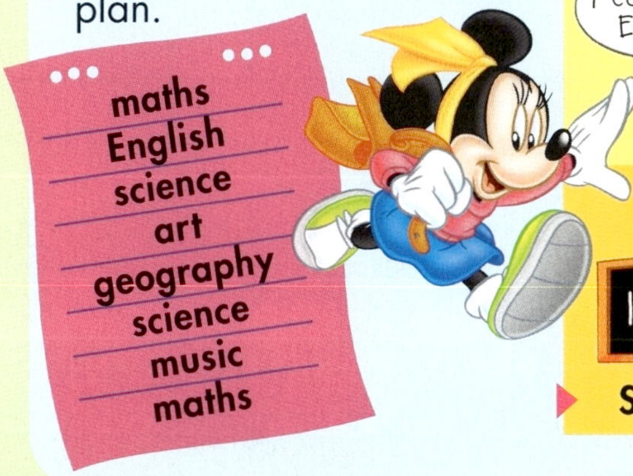

My favourite lesson is...

Mein Lieblingsfach ist ...

Look and write

My favourite lesson is
maths.

My favourite lesson is ....

My favourite lesson is ....

CATCH THE BUS

NIMM DEN BUS

Lilo ist so schnell zum Schulbus gerannt, dass ihr alle Sachen aus dem Ranzen gefallen sind. Hilf ihr, alles wieder einzusammeln, damit sie den Bus nicht verpasst.

What to do

Was du tun musst

Setze deinen Spielstein auf Start. Würfele und ziehe mit deinem Stein über die Felder.

Du landest auf einem Gegenstand aus Lilos Ranzen: Schreibe das englische Wort dafür auf und gehe zwei Felder weiter.

Super! Du bekommst einen goldenen Stern für deine Arbeit. Gehe ein Feld weiter.

Der Bücherstapel bedeutet eine Extra–Hausaufgabe. Gehe ein Feld zurück.

ZIEL

ABOUT ME

ÜBER MICH

Wörterkiste

writing

reading

counting

drawing

Stitch's language

Stitchs Sprache

Stitch hat alles, was er in der Schule getan hat, in seiner Außerirdischensprache aufgeschrieben. Entschlüssele sie mithilfe des Alphabets rechts.

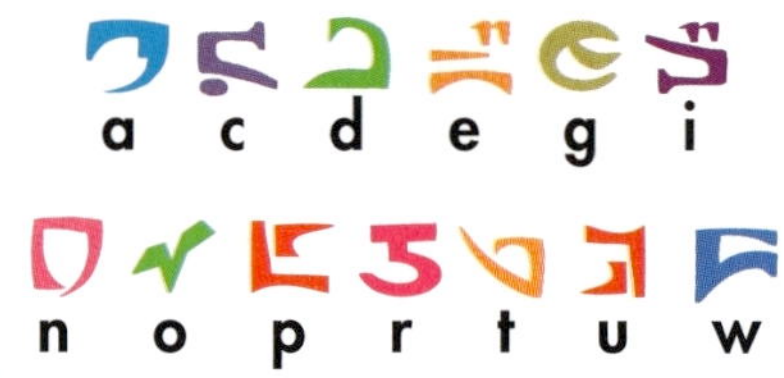

drawing

....

....

....

....

So sag ich's richtig!

I'm good at drawing.

He's good at writing.

She's good at counting.

Your turn!

Write and draw

I'm good at ....

I'm good at...

Ich kann gut …

Look and write

I'm good at

counting.

He's good at

....

She's good at

....

I'm good at

....

THE SCHOOL DAY

DER SCHULTAG

Wörterkiste

breaktime

storytime

lesson

playtime

hometime

My timetable

Mein Stundenplan

Welche Wörter im Stundenplan passen zu welchen Bildern? Schreibe neben jedes Bild die richtige Zahl.

1. playtime
2. breaktime
3. lesson
4. storytime
5. hometime

It's breaktime!

Es ist Pause!

Look and write

Jetzt hör zu!

Lesson, breaktime, lesson two,
Story, lunchtime, time to play.
Lesson, lesson, hometime soon.
That's the end of my school day.

Schulstunde, Pause, Stunde zwei,
Lesen, Essen, Zeit zum Spielen.
Stunde, Stunde und dann heim,
und der Schultag ist vorbei.

It's
breaktime
....

It's
....

It's
....

It's
....

COMPUTER CLASS

COMPUTERUNTERRICHT

Wörterkiste

screen

keyboard

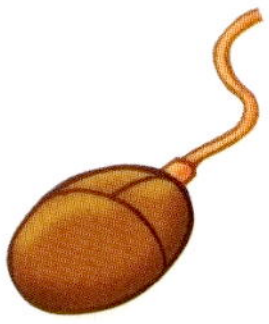
mouse

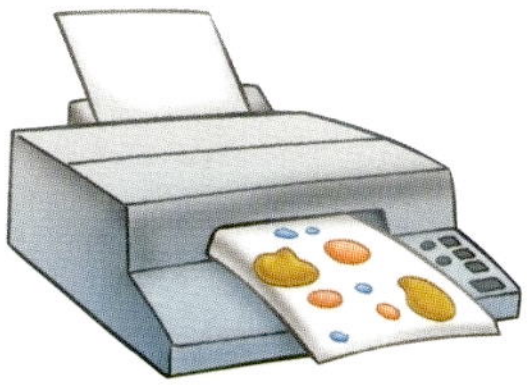
printer

base unit

It's a computer

Es ist ein Computer

Look and join

screen

base unit

keyboard

printer

mouse

Join the letters

Verbinde die Buchstaben

Hilf den Dalmatinern, die Buchstaben auf dem Bildschirm zu Wörtern zu verbinden. Die Bilder zeigen dir, um welche Gegenstände es sich handelt.

Jetzt hör zu!

A screen, a printer,
A keyboard and a mouse.
There's a new computer
In the puppies' house.

Ein Bildschirm, ein Drucker,
eine Tastatur und eine Maus.
Es gibt einen neuen Computer
im Puppenhaus.

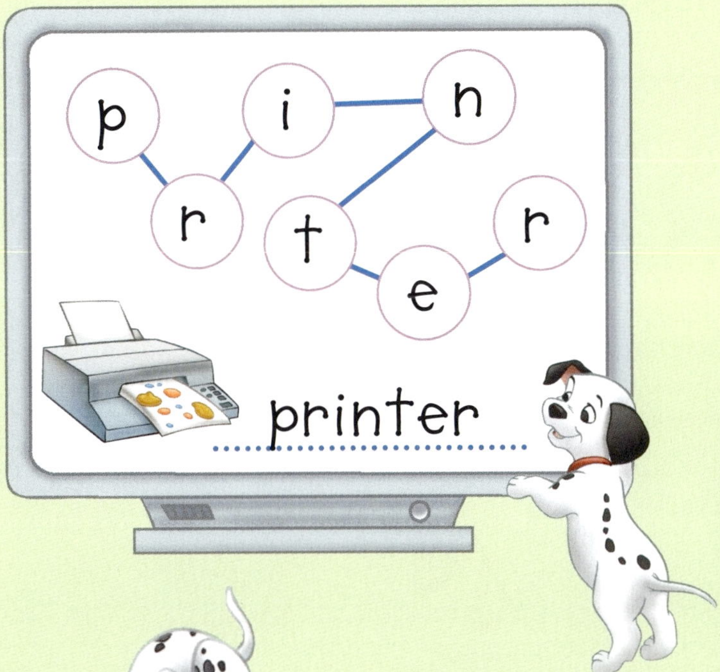

ART CLASS

KUNSTUNTERRICHT

Wörterkiste

picture · paintbrush · paper · paint · crayons · glue · scissors · clay

Paper and paint

Papier und Farbe

In allen Regalen fehlt etwas. Setz einen Haken neben die vorhandenen Gegenstände und male die fehlenden dazu.

- [x] picture
- [x] glue
- [ ] paintbrush

- [ ] picture
- [ ] glue
- [ ] scissors

- [ ] paintbrush
- [ ] paint
- [ ] paper

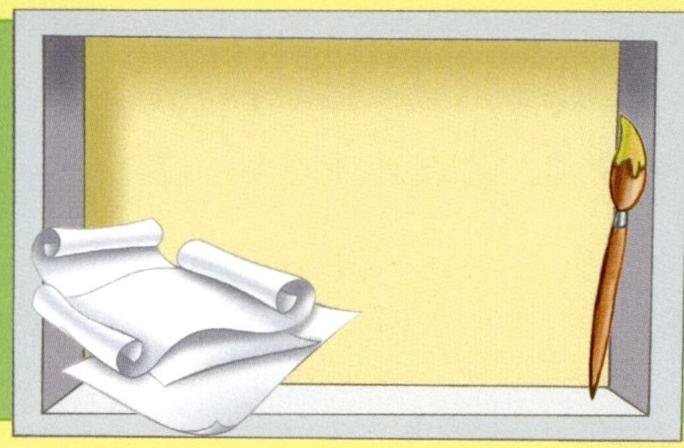

- [ ] glue
- [ ] clay
- [ ] crayons

So sag ich's richtig!

Your turn!

Circle and draw

I need the paintbrush / crayons / paint

What do you need?

Was brauchst du?

Read and join

SUPERQUIZ

Lies die englischen Wörter oder Sätze und überlege, ob sie zum Bild passen. Wenn ja, setze einen ✔ in das Kästchen – wenn nein, mach ein ✘.

1 They're in the classroom.

✔ ✘

2 He's in the library.

✔ ✘

3 blackboard

✔ ✘

4 computer

✔ ✘

5 paintbrush

✔ ✘

6 scissors

✔ ✘

7 My favourite lesson is science.

✔ ✘

8 My favourite lesson is art.

✔ ✘

9 calculator

✔ ✗

10 textbook

✔ ✗

11 reading

✔ ✗

12 writing

✔ ✗

13 It's playtime

✔ ✗

14 It's breaktime

✔ ✗

15 keyboard

✔ ✗

16 printer

✔ ✗

Wie viele Aufgaben hast du richtig gelöst? Vergleiche deine Antworten mit den Lösungen auf Seite 32 und kreuze deine Punktzahl an.

○ 1-5 **Nicht schlecht!** ○ 6-11 **Gut!** ○ 12-16 **Fantastisch!**

DAS KANNST DU

Auf diesen beiden Seiten findest du das Wichtigste, was du in diesem Buch gelernt hast. Wenn dir etwas noch nicht ganz klar ist, kannst du es hier einfach nochmal nachlesen.

Seiten 6-7

I´m in the... *Ich bin in ...*

So sagst du jemandem, in welchem Raum der Schule du gerade bist:

I'm in the gym. **Ich bin in der** Turnhalle.

I'm in the classroom. **Ich bin im** Klassenzimmer.

I'm in the cafeteria. **Ich bin in der** Kantine.

Seiten 12-13

My favourite lesson is... *Mein Lieblingsfach ist ...*

So drückst du aus, welches Fach dir am besten gefällt:

My favourite lesson is music. **Mein Lieblingsfach ist** Musik.

My favourite lesson is maths. **Mein Lieblingsfach ist** Mathe.

My favourite lesson is science. **Mein Lieblingsfach ist** Wissenschaft.

My favourite lesson is history. **Mein Lieblingsfach ist** Geschichte.

My favourite lesson is geography. **Mein Lieblingsfach ist** Erdkunde.

I´m good at...

Seiten 16-17

Ich kann gut …

So sagst du jemandem, was du gut kannst:

I'm good at counting. **Ich kann gut** zählen.

I'm good at writing. **Ich kann gut** schreiben.

I'm good at drawing. **Ich kann gut** zeichnen.

It´s playtime

Seiten 18-19

Es ist Spielstunde

So erzählst du jemandem, was gerade in der Schule los ist:

It's storytime. **Es ist** Lesestunde.

It's playtime. **Es ist** Spielstunde.

It's breaktime. **Es ist** Pause.

It's hometime. **Es ist** Schulschluss.

What do you need? *Was brauchst du?*

Seiten 22-23

So fragst du jemanden, was er braucht, und so antwortet man:

What do you need?
I need the crayons.

Was brauchst du?
Ich brauche die Buntstifte.

What do you need?
I need the scissors.

Was brauchst du?
Ich brauche die Schere.

What do you need?
I need the paint.

Was brauchst du?
Ich brauche die Farbe.

DAS ENGLISCHE ALPHABET

Hier siehst du alle Buchstaben des Alphabets in der richtigen Reihenfolge:

Aa Bb Cc Dd Ee Ff Gg Hh Ii Jj Kk Ll Mm
Nn Oo Pp Qq Rr Ss Tt Uu Vv Ww Xx Yy Zz

VOKABELN

Seiten 6-7

MY SCHOOL

Meine Schule

cafeteria
Kantine

gym
Turnhalle

library
Bücherei

classroom
Klassenzimmer

Seiten 8-9

MY CLASSROOM

Mein Klassenzimmer

teacher
Lehrerin

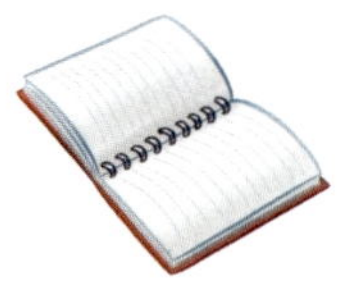
notebook
Heft

desk
Schulbank

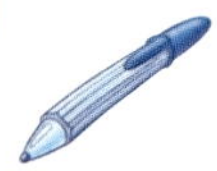
pen
Stift

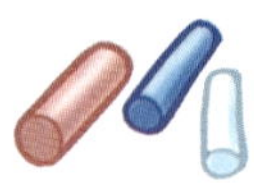
chalk
Kreide

blackboard
Tafel

computer
Computer

Seiten 10-11

MY SCHOOLBAG

Mein Schulranzen

lunch box
Brotdose

textbook
Lesebuch

calculator
Taschenrechner

pencil case
Mäppchen

pencil
Bleistift

eraser
Radierer

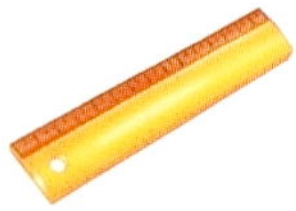
ruler
Lineal

Seiten 12-13

LOTS OF LESSONS

Viele Schulfächer

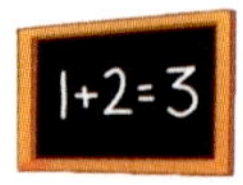

maths
Mathe

history
Geschichte

art
Kunst

geography
Erdkunde

science
Naturwissenschaft

music
Musik

English
Englisch

Seiten 16-17

ABOUT ME

Über mich

writing
schreiben

reading
lesen

counting
zählen

drawing
zeichnen

Seiten 18-19

THE SCHOOL DAY

Der Schultag

breaktime
Pause

storytime
Lesestunde

lesson
Schulstunde

hometime
Schulschluss

playtime
Spielstunde

Seiten 20-21

COMPUTER CLASS

Computerunterricht

screen
Bildschirm

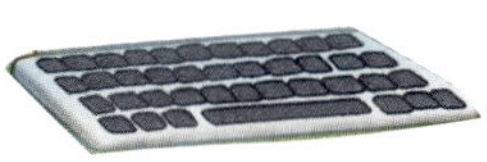

keyboard
Tastatur

mouse
Maus

printer
Drucker

base unit
Rechner

Seiten 22-23

ART CLASS

Kunstunterricht

picture
Bild

paintbrush
Pinsel

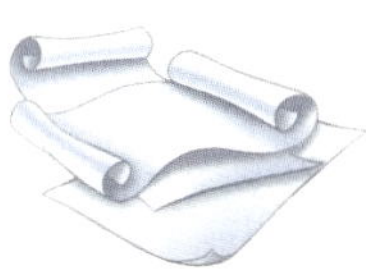

paper
Papier

paint
Farbe

crayons
Farbstifte

glue
Kleber

scissors
Schere

clay
Ton

LÖSUNGEN

Seiten 6-7

I´m in the...

cafeteria

gym

classroom

library

Where are they?

They're in the cafeteria.

He's in the gym.

She's in the library.

They're in the classroom.

Seiten 8-9

Andy´s classroom

2	chalk	5	pen
6	teacher	3	notebook
1	desk	4	blackboard

Work it out

cmotpure

computer

tehacer

teacher

npe

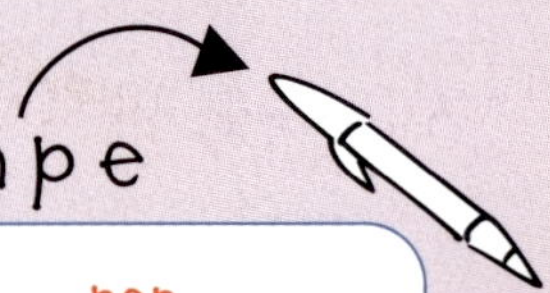

pen

sedk

desk

Seiten 10-11

Pack the bag

- ✔ textbook
- ✔ ruler
- ✘ lunch box
- ✔ pencil case
- ✘ calculator
- ✔ eraser

Find the words

sceraserbirtslu
silunchboxogy
iscborulerboci
stextbookncip
tuiboopencilp

Odd one out

lunch box

pencil case

pencil

eraser

Seiten 12-13

Which lesson?

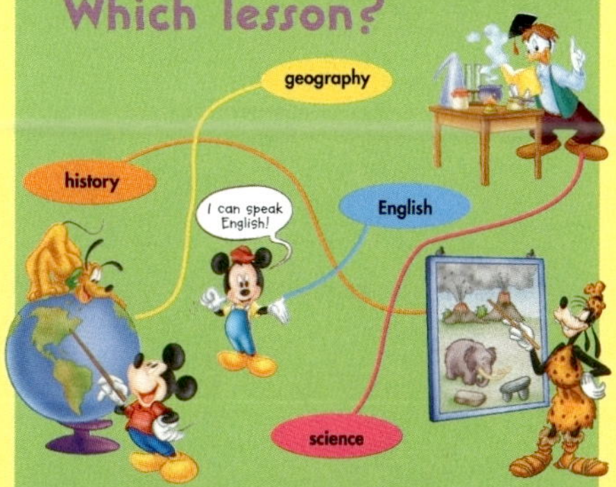

Minnie's day

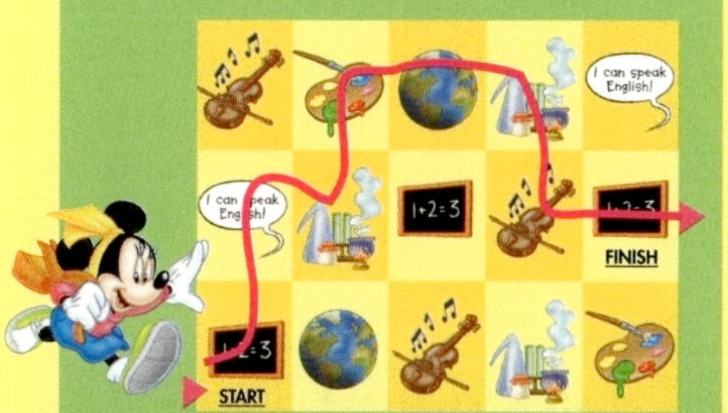

My favourite lesson is...

My favourite lesson is maths.

My favourite lesson is music.

My favourite lesson is art.

Seiten 14-15

Catch the bus

eraser

calculator

pencil case

notebook

pencil

ruler

Seiten 16-17

Stitch's language

drawing

writing

counting

reading

I'm good at...

I'm good at counting.

She's good at drawing.

He's good at reading.

I'm good at writing.

Seiten 18-19

My timetable

It's breaktime!

Seiten 20-21

It's a computer

Join the letters

Seiten 22-23

Paper and paint

What do you need?

Superquiz

1.	✔	9.	✔
2.	✘	10.	✘
3.	✔	11.	✔
4.	✔	12.	✘
5.	✔	13.	✔
6.	✘	14.	✘
7.	✘	15.	✘
8.	✔	16.	✔